Tristan M. Weber

Vogelspinnen

Vogelspinnen

Haustiere mit acht Beinen

Tristan M. Weber

Impressum

Druck und Verlag: createspace

ISBN-13: 978-1502878991
ISBN-10: 1502878992

Bibliografische Information der Deutschen Nationalbibliothek

Die Deutsche Nationalbibliothek verzeichnet diese Publikation in der Deutschen Nationalbibliografie; detaillierte bibliografische Daten sind im Internet über http://dnb.d-nb.de abrufbar.

Inhaltsverzeichnis

Vorwort........7
Namensgebung........8
Systematik........8
Lebensraum........10
Natürliche Feinde und der Mensch........12
Lebensdauer........13
Körperbau........14
Sehen, fühlen, schmecken........20
Tipps zum Kauf........21
    Kosten........24
Das Terrarium........25
    Schauterrarien vs. Zweckterrarien........25
    Technik........29
    Einrichtung........32
    Standort........34
Pflege........35
Futterauswahl und richtiges Füttern........37
Habitus........40

Körperpflege 41
Die Häutung 42
Verteidigung 46
Beutefang 47
Für den Fall der Fälle 48
Krankheiten und Verletzungen 49
Verletzungen 49
Krankheiten 50
Das Gift einer Vogelspinne 53
Erste Hilfe – Sie wurden gebissen! 56
Spinnseide 57
Warum können Spinnen glatte Oberflächen hinauflaufen? 60
Literaturverzeichnis 65

Vorwort

Lieber Spinnenfreund, liebe Spinnenfreundin,

vielen Dank für Ihr Interesse an diesem Buch. Der Science-Fiction Film Tarantula von Jack Arnold aus dem Jahre 1955 ist zum Klassiker seines Genres geworden. Wie konnte er das schaffen? Er bediente sich der faszinierenden Vogelspinnen und kreierte aus ihnen einen Mythos von gefährlichen Monstern und angriffslustigen Bestien. Die herrschende Grundangst der westlichen Bevölkerung vor allem was klein ist und krabbelt - besonders diese komischen Spinnen mit ihren unzähligen Beinen und Augen - gab dem Film den nötigen Zündstoff. Über die Jahrzehnte erreichte der Film Kultstatus. Vogelspinnen sind beeindruckende Tiere, deren Bann man sich nicht mehr entziehen kann, sobald man einmal von ihm gepackt wurde. Also seien Sie gewarnt, wenn sie noch keine Vogelspinne besitzen und planen sich eine anzuschaffen: Es bleibt nie bei einer. Und meistens auch nicht bei zweien. Begleiten Sie mich und tauchen Sie ein in die wunderbare Welt der *Theraphosidae*.

Namensgebung

Die erste Vogelspinnenart wurde von Carl von Linné im Jahre 1758 wissenschaftlich beschrieben. Er benannte sie *Aranea avicularia*, was soviel wie *vogelartige Spinne* bedeutet. Ein Grund für diese auf den ersten Blick ungewöhnliche Namensgebung könnte eine Zeichnung von Maria Sybilla Merian sein. Als Naturforscherin bereiste sie 1699 Surinam und fertigte eine Zeichnung einer Spinne an, die auf einem Baum sitzend einen Vogel verspeiste. Dieses Bild ging um die Welt und prägte die Vorstellung der Vögel fressenden Spinnen.

Systematik

Die Familie der *Theraphosidae* (Vogelspinnen) umfasst weltweit über 100 Gattungen mit fast 900 Arten. Im Gegensatz zum deutschsprachigen Raum, werden Vogelspinnen in englischsprachigen Ländern (besonders in den USA) als *Tarantulas* bezeichnet, seltener als *Bird Spiders*. Der Begriff Tarantula ist eine mindestens verwirrende Bezeichnung. Der nicht mehr verwendete Gattungsname der Taranteln (*Tarentula*) umfasste in Mitteleuropa heimische Arten der echten

Webspinnen (*Araneomorphae*). Sie wurden auf andere Gattungen der Familie der sogenannten Wolfsspinnen (*Lycosidae*) aufgeteilt Der Biss der als Taranteln bezeichneten Spinnen stand in Verdacht die Tanzwut, auch Veitstanz genannt, auszulösen. Hierher stammt das bekannte Sprichwort „*Wie von der Tarantel gestochen.*“ In der folgenden Auflistung ist für die Art *Brachypelma smithi* beispielhaft die Systematik angegeben. Andere Vogelspinnenarten gehören möglicherweise einer anderen Gattung oder Unterfamilie an.

Reich: Tiere (*Animalia*)
Stamm : Gliederfüßer (*Arthropoda*)
Unterstamm: Kieferklauenträger (*Chelicerata*)
Klasse: Spinnentiere (*Arachnida*)
Ordnung: Webspinnen (*Araneae*)
Unterordnung: Vogelspinnenartige (*Mygalomorphae*)
Familie: Vogelspinnen (*Theraphosidae*)
Unterfamilie: *Theraphosinae*
Gattung: *Brachypelma*
Art: *Brachypelma smithi*

Lebensraum

Die Lebensräume der Vogelspinnen erstrecken sich von den Tropen über die Subtropen bis über die mittleren Breiten hinaus. Sie sind, ausgenommen der Antarktis, auf allen Kontinenten anzutreffen und besiedeln Wüsten- und Trockengebiete ebenso wie tropische Regenwälder. Einige Arten leben in der Nähe von Gewässern und einige wenige sind in der Lage zu schwimmen. Wobei schwimmen den Nagel nicht auf den Kopf trifft, sie gehen vielmehr über das Wasser. Andere Arten, wie beispielsweise *Hysterocrates crassipes* können nicht nur über das Wasser gehen, sondern auch tauchen. Dies stellt eine sehr gute Anpassung an ihren Lebensraum dar. Wird die Wohnhöhle mit Wasser geflutet, sitzt sie in einer Art Taucherglocke aus Luft und kann sich so in Sicherheit bringen.

Eine von zwei großen Einteilungen von Vogelspinnen bezieht sich auf die Lage ihrer Wohnhöhle. Bodenbewohnende Vogelspinnen nutzen vorhandene Erdlöcher als Unterschlupf oder graben ganze Tunnelsysteme in den Boden. Im Gegensatz dazu nutzen baumbewohnende Vogelspinnen Asthöhlen, Baumrinden oder Verwachsungen im Baumstamm als Wohnplatz.

Die Wohnhöhlen werden je nach Art mit mehr oder weniger Spinnseide ausgekleidet. Blätter, Erde und kleine Äste werden teilweise zur Tarnung oder Verstärkung herbeigeschafft und mit in die Konstruktion eingesponnen. Um Vogelspinnen möglichst artgerecht zu halten, ist es essentiell zu wissen, ob es sich um einen Baum- oder Bodenbewohner handelt. Dies bestimmt die Größe und Form des Terrariums sowie dessen Einrichtung (siehe Kapitel Terrariengestaltung).

Die zweite große Einteilung der Vogelspinnen erfolgt geografisch. Als sogenannte „*Neuwelt Vogelspinnen*" werden die Arten aus Nord-, Mittel- und Südamerika bezeichnet. Aus Afrika, Asien, Australien und Europa stammen hingegen die als „*Altwelt Vogelspinnen*"kategorisierten Arten. Für den Vogelspinnenhalter hat diese Einteilung insofern eine Bedeutung, als dass die Giftigkeit und das Verhalten der Vogelspinne grob abgeleitet werden können. Vogelspinnen sind grundsätzlich keine Tiere zum Kuscheln oder Anfassen. Manchmal machen Reinigungs- oder Umbauarbeiten einen Kontakt mit der Spinne jedoch unausweichlich. Neuwelt Vogelspinnen verfügen tendenziell über das weniger wirkungsvolle Gift und beißen weniger schnell zu. Altwelt Vogelspinnen besitzen die stärksten Gifte aller Vogelspinnen und sind mit besonderer Vorsicht zu behandeln. Fasst man eine Altwelt Vogelspinne an, ist die Wahrscheinlichkeit sehr hoch, dass diese auch zubeißt. Zu beachten ist, dass solche Verallgemeinerungen nur einen Hinweis geben. Jede Spinne besitzt ihren eigenen Charakter und zeigt ein individuelles Verhalten auf Störungen durch ihre Umwelt.

Natürliche Feinde und der Mensch

Neben räuberisch lebenden Insektenarten, wie zum Beispiel Ameisen oder Schlupfwespen, zählen zu den natürlichen Feinden der Vogelspinnen auch Vögel, Reptilien und Kleinsäuger. Auch vor den eigenen Artgenossen machen Vogelspinnen nicht halt und fressen sich unter Umständen gegenseitig auf. Dies ist vor allem bei frisch geschlüpften Gelegen der Fall. Hier ist die erste Nahrung oftmals ein schwächeres Geschwisterchen. Die größte Bedrohung für die Vogelspinnen bleibt jedoch der Mensch, er zerstört systematisch ihren Lebensraum und dezimiert dadurch ihre natürlichen Bestände.

Wer schon einmal die Stadt Skun in Kambodscha besucht hat weiß, dass Vogelspinnen auch als Nahrungsquelle für den Menschen dienen. In dieser sogenannten Spinnenstadt handelt es sich bei der inzwischen weltweit bekannten Delikatesse um am Stück frittierte Vogelspinnen. Wer einen Besuch plant, findet unter anderem unter dem Stichwort *Spiderville Skun* im Internet weitere Informationen. Das Vogelspinnenfleisch schmeckt ähnlich dem von Hühnchen. Das massenhafte Fangen und Zubereiten der Vogelspinnen führte in der Region jedoch dazu, dass die Vogelspinnen immer seltener wurden und mittlerweile aus weiter entfernten Gebieten eingekauft werden müssen, um den Bedarf zu decken.

Lebensdauer

Vogelspinnen können sehr alt werden, wobei männliche Tiere einer Art meistens jünger sterben, als die Weibchen der gleichen Art. So werden Männchen in Gefangenschaft circa 5 bis 9 Jahre alt, wohingegen weibliche Vogelspinnen mehr als 20 Jahre alt werden können. Dies liegt in erster Linie daran, dass weibliche Vogelspinnen auch nach der Geschlechtsreife noch in der Lage sind sich zu häuten. Männliche Vogelspinnen leben nach der so genannten Reifehäutung noch circa ein bis zwei Jahre bevor sie sterben. In seltenen Fällen wurde berichtet, dass sich ein geschlechtsreifes Männchen erneut gehäutet hat. Ausnahmen bestätigen die Regel. Die hohe Lebenserwartung sollte potentielle Spinnenhalter aber nicht abschrecken. Da Spinnen zu ihrem Halter keine Beziehung aufbauen ist diese lange Lebenserwartung insofern unproblematisch, als das die Tiere weiterverkauft werden können, wenn der Halter sich nicht mehr in der Lage sieht, die Tiere angemessen zu versorgen.

Körperbau

Der Körper der Vogelspinnen kann in zwei Abschnitte unterteilt werden, in den Vorderkörper und in den Hinterleib (siehe Zeichnung). Spinnen zählen zu den Wirbellosen, der Cephalotorax (Vorderkörper) ist vom Außenskelett, dem Chitinpanzer umgeben. Die Oberseite des Panzers wird als Carapax, die Unterseite als Sternum bezeichnet. Der Vorderkörper enthält einen Teil des Verdauungssystems und weitere innere Organe. Auf ihm ist der Augenhügel lokalisiert, der die acht Augen der Vogelspinne trägt. Trotz der großen

Anzahl von Augen sehen Vogelspinnen schlecht. Sie erkennen Schatten und Bewegungen und sehen keine Farben. Bis auf die Spinnwarzen gehen alle Extremitäten vom Vorderkörper aus. So sind mit ihm die zwei Cheliceren, zwei Taster und vier Beinpaare verbunden. Am Abdomen (Hinterleib) findet man die Spinnwarzen der Vogelspinne. Hier ist das Exoskelett dünner, was ihm eine gewisse Elastizität verleiht, ihn aber auch empfindlicher gegen mechanische Beanspruchung macht. Das Exoskelett gibt der Spinne ihre Form und ihr Aussehen. Es schützt die inneren Organe vor mechanischen Verletzungen und ist Ansatzpunkt vieler Muskeln des Bewegungsapparates. Als Barriere zur Umwelt verhindert es das Eindringen von Krankheitserregern wie Pilzen oder Bakterien. Zudem bewahrt es die Spinne vor dem Austrocknen, indem es eine übermäßige Verdunstung verhindert.

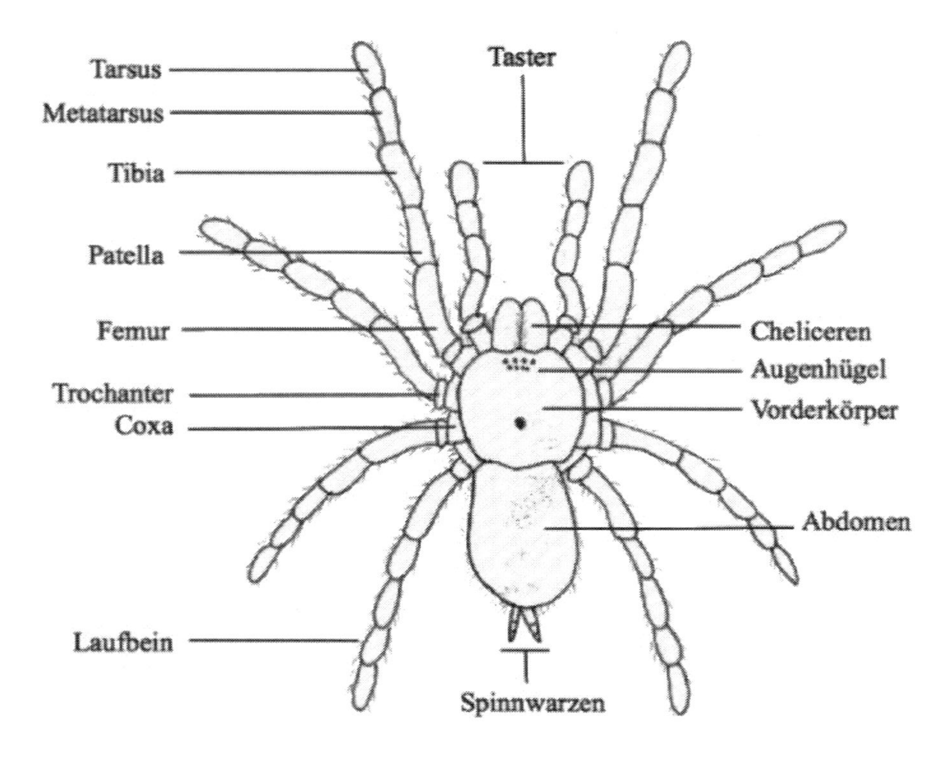
Taster
Tarsus
Metatarsus
Tibia
Patella
Femur
Trochanter
Coxa
Laufbein
Cheliceren
Augenhügel
Vorderkörper
Abdomen
Spinnwarzen

Das Exoskelett ist kein starrer Panzer, sondern besteht aus vielen Einzelteilen. Es ist vergleichbar mit einer Rüstung, die aus unterschiedlichen Platten, Gelenken und Röhren besteht. Jedes einzelne Teil ist für seine bestimmte Verwendung optimiert. Einige Platten besitzen Ansatzpunkte für Muskeln, haben Furchen oder Rillen. Andere tragen verschiedene Sinnesorgane oder Brennhaare zur Abwehr von Angreifern. Hauptbestandteil des Exoskeletts ist Chitin, ein strukturbildendes, farbloses Polysaccharid (Mehrfachzucker). Durch die Interaktion mit verschiedenen Proteinen erhält es seine Festigkeit und Farbe. Das wichtigste Strukturprotein, das in diesem Zusammenhang zu nennen ist, ist das Sklerotin. Durch Quervernetzungen bildet sich eine stabile Matrix aus, die je nach Zusammensetzung eine unterschiedliche Festigkeit aufweist.

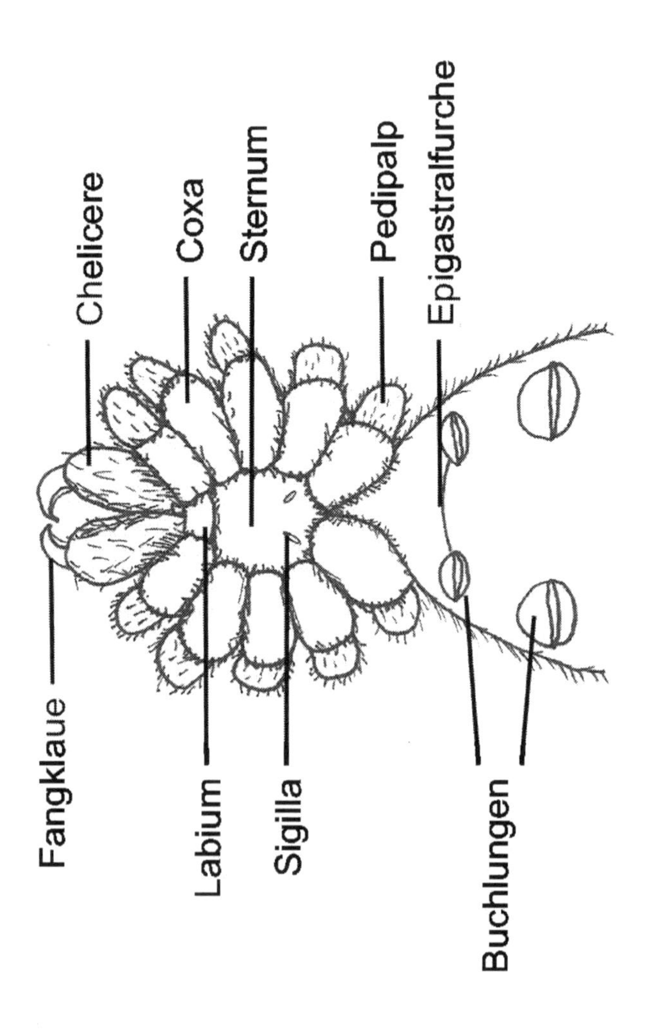
Chelicere
Fangklaue
Coxa
Labium
Sternum
Sigilla
Pedipalp
Epigastralfurche
Buchlungen

Die Giftklauen einer Vogelspinne können bis zu mehrere Zentimeter lang werden. Sie benutzt sie, um Ihr Beutetier zu packen und Gift sowie Verdauungsenzyme zu injizieren. Die Klauen sind in Richtung Unterkörper gebogen und enthalten einen Giftkanal. Die Öffnung des Giftkanals befindet sich nicht an der Spitze der Beißklaue, sondern an der Außenseite etwas nach oben verschoben (siehe Abbildung).

Beißklaue – schematische Zeichnung

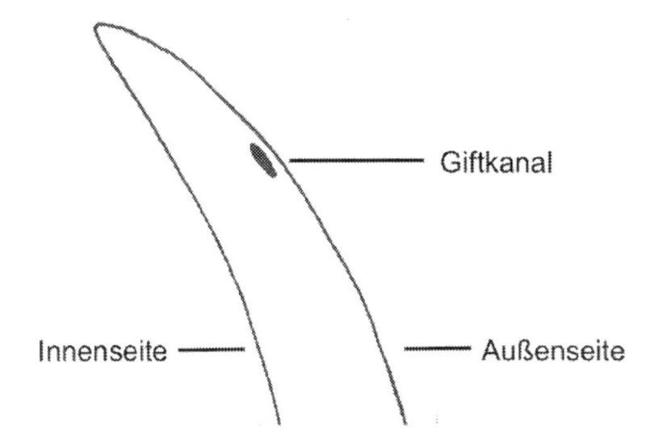

Sehen, fühlen, schmecken

Wie schon oben erwähnt, sind Vogelspinnen nicht in der Lage Farben zu sehen und können mit ihren Augen nur Schatten, Bewegungen und Graustufen wahrnehmen. Spinnen nutzten zur Beobachtung ihrer Umgebung andere, präzisere Sinnesorgane. So verfügen sie über einen empfindlichen Tastsinn, der Schwingungen in der Luft und im Boden registriert. Befindet sich ein Beutetier im Terrarium, so weiß die Spinne zu jedem Zeitpunkt, wo es sich gerade aufhält, auch wenn es außer Sichtweite ist. Der Tastsinn, der auch Berührungsreize erkennt, funktioniert durch Tasthaare, die über den gesamten Körper, vornehmlich über die Extremitäten, verteilt sind.

Neben dem eingeschränkten Sehsinn und dem hervorragenden Tastsinn, besitzen Vogelspinnen einen chemosensitiven Sinn, er lässt sich als Mischung des menschlichen Tast- und Riechsinns beschreiben. Tastempfindliche Borstenhaare werden von Nervenzellen durchzogen, die mit ihren Enden mit der Luft in Kontakt stehen. Sie reagieren auf verschiedenste Duft- und Geschmacksstoffe und sind vor allem an den

Tastern, den Vorderbeinen und im Mundbereich zu finden. Die von den Sinnesorganen gesammelten Informationen werden über das radial angelegte Nervensystem zum Spinnengehirn geleitet und dort verarbeitet. Wie beim Menschen auch, lässt sich das Gehirn der Spinne in ein Vorderhirn und ein Hinterhirn unterteilen. Es befindet sich auf der Unterseite des Vorderkörpers und hat ungefähr die Ausdehnung des Sternums und ist damit verhältnismäßig groß, im Vergleich zu den Gehirnen anderer Wirbelloser.

Tipps zum Kauf

Beim Kauf von Vogelspinnen sollte man einige Punkte beachten, um sicherzustellen, dass man ein gut gepflegtes und gesundes Tier erwirbt. Ob im Zoofachhandel, beim Privatverkauf oder auf Terrarienbörsen, überall gelten die gleichen Regeln. Zunächst sollte man sich das Terrarium des Tieres ansehen, ist Frischwasser oder Wassergel vorhanden, ist es groß genug, hat die Spinne einen Unterschlupf, etc (Letztere beiden Punkte sind vor allem im Einzelhandel zu beachten. Auf

Spinnenbörsen ist es üblich die Tiere in relativ kleinen Plastikdosen anzubieten).

Als nächstes und wichtigstes Kriterium sollte man den Zustand des Tieres bewerten. Sieht das Tier auf den ersten Blick gesund aus, sind alle Gliedmaßen vorhanden, sind keine Deformationen erkennbar, die auf Häutungsprobleme hindeuten, ist das Tier ausreichend genährt (erkennt man am Abdomen, das ungefähr die Größe des Vorderkörpers ohne Extremitäten haben sollte), sind Verletzungen am Abdomen erkennbar, usw.

Sind die bisher genannten Punkte Haltung und Gesundheitszustand in Ordnung (soweit Sie es bewerten können), erkundigen Sie sich beim Verkäufer über Herkunft, Geschlecht, Alter und vor allem über die genaue Artbezeichnung und die Haltungsbedingungen. Ein vertrauenswürdiger Verkäufer wird Ihnen die Fragen beantworten und Ihnen noch einige Tipps und Tricks zum Umgang mit einer Vogelspinne mit auf den Weg geben können. Wird ein großes, subadultes (also fast ausgewachsenes) Exemplar angeboten und der Verkäufer behauptet das Geschlecht des Tieres nicht zu kennen, lassen Sie Vorsicht walten. Wahrscheinlich handelt es sich um ein Männchen.

Männliche, ausgewachsene Tiere lassen sich schwer und nur zu relativ niedrigen Preisen verkaufen. Bei großen Tieren sollte eine Geschlechtsbestimmung vorgenommen worden sein.

Handelt es sich beim gekauften Tier um eine Spinne der Gattung *Brachypelma,* so ist zu beachten, dass alle Spinnen dieser Gattung laut Bestimmung des Washingtoner Artenschutzübereinkommens zu den *Anhang-B-Arten* zählen. Dies bedeutet, dass für diese Tiere entweder eine so genannte CITES-Bescheinigung (sozusagen ein Vogelspinnen Personalausweis) vorliegen muss oder der Verkäufers eine Bestätigung ausgeben muss, die versichert, dass es sich bei dem Tier um eine deutsche Nachzucht handelt. Kaufen Sie eine junge Vogelspinne mit 2-3 cm Körperlänge, so wird diese wahrscheinlich aus einer Nachzucht abstammen, da bei Wildfängen meistens nur die großen Tiere verschifft werden. Arten der Gattung *Brachypelma* müssen zusätzlich der zuständigen Naturschutzbehörde gemeldet werden.

Kosten

Grundsätzlich gilt: Kaufpreise von Vogelspinnen richten sich zum einen nach der Art und zum anderen nach der Größe und damit dem Alter des Tieres. Junge Spiderlinge kosten unter 10 Euro, subadulte Tiere gibt es ab circa 20 Euro zu kaufen. Weibchen sind Aufgrund der höheren Lebenserwartung und damit größeren Körpergröße teilweise wesentlich teurer als Männchen. Für besonders große und seltene Exemplare sind auch schonmal Preise über 150 € möglich. Es lohnt sich im Internet nach Preisen zu suchen, so erhält man eine realistische Preisspanne und wird nicht übers Ohr gehauen. Am besten schaut man sich nach Terrarien- oder speziellen Vogelspinnenbörsen in seiner Umgebung um. Hier erzielt man die besten Preise und bekommt noch wertvolle Tipps mit auf den Weg. Oftmals besteht die Möglichkeit e-Mail Adressen auszutauschen und den Züchter bei Fragen zu kontaktieren. Ein klarer Vorteil gegenüber dem Einzelhandel.

Terrarien gibt es ab circa 15 Euro aufwärts, je nach Größe. Je nach Spinnenart, kommen weitere Kosten für Technik wie Heizstrahler, Thermometer, etc. hinzu. Auch hier lohnt es sich nach lokalen Angeboten zu schauen. Manchmal wird eine Spinne samt Terrarium günstig abgegeben.

Vogelspinnen sind sehr genügsame Tiere. Da Futtertiere zumeist in Einheiten von 10 Tieren oder mehr verkauft werden, lohnt es sich mehrere Spinnen gleichzeitig zu halten. Eine einzelne Vogelspinne schafft es oftmals nicht, alle Futtertiere alleine zu verspeisen. Eine Dose mit Heimchen oder Grillen kostet circa 2 Euro, Heuschrecken circa 4 Euro. Auch Futtertiere gibt es auf Vogelspinnenmessen meistens günstiger als im Fachhandel.

Das Terrarium

Schauterrarien vs. Zweckterrarien

Zunächst können zwei Terrarientypen unterschieden werden. Einmal das Schauterrarium, das vielleicht im Hobbyraum oder im Wohnzimmer steht, mit Dekoration und Technik ausgerüstet ist und rundum optisch etwas her macht. Zum anderen das Zweckterrarium. Hierbei kann es sich im einfachsten Fall um eine durchsichtige

Plastikdose mit Lüftungslöchern und einem Wassernapf handeln. Spinnen sind sehr anspruchslos, was ihre Bedürfnisse angeht. Ich kenne viele Spinnenfreunde, die mehrere hundert Tiere halten, wovon aber nur ein Bruchteil in so genannten Schauterrarien gehalten werden. Dem Einsteiger empfehle ich sich bei seiner ersten Spinne etwas mehr ins Zeug zu legen und ein Schauterrarium einzurichten. Spinnen sitzen gerne stundenlang regungslos herum. Da macht es schon mehr Freude fürs Auge, wenn dies in einem schönen Ambiente geschieht. Zudem muss das Tier in einem Terrarium mit mehreren Versteckmöglichkeiten erstmal ausgemacht werden, was gerade für jüngere Spinnenfreunde eine zusätzliche Bereicherung darstellt. Als Vorbereitung über die erste Spinne zählt zudem sich über den natürlichen Lebensraum zu informieren. So können naturgetreue Schauterrarien eingerichtet werden, wie beispielsweise Wüsten- oder Waldterrarien.

Die Größe und Form des Terrariums hängt wesentlich von der Spinnenart und deren aktuelle Größe ab. Als weitläufig artgerecht anerkannt sind Terrarien mit einer Grundfläche ab 30 x 20 cm für erwachsene Tiere. Gerade geschlüpfte Spinnen in der 1., 2. oder 3. Fresshaut (FH) bewohnen oftmals winzige Dosen, z.B. durchsichtige Filmdosen, die etwas feuchte Erde enthalten. Spiderlinge oder abgekürzt auch einfach Slings genannt, sind kleine Spinnen, die sich schon häufiger gehäutet haben. Für sie sind kleine Würfel oder Plastikdosen mit 10 x 10 cm ausreichend. Die Höhe des Terrariums sollte für bodenbewohnende Arten 30 cm nicht überschreiten, jedoch bei mindestens 20 cm liegen. Auch höhere Terrarien sind geeignet, wenn der Bodengrund entsprechend hoch aufgeschüttet wird. Von Terrarien mit einer Breite von mehr als 50 cm wird oftmals abgeraten, ich habe jedoch mit Terrarien mit den Ausmaßen 30 x 30 x 60 cm schon gute Erfahrungen gemacht. Beim Kauf einer kleiner Spinne sollte das Terrarium eher eine Nummer größer gewählt werden. Spinnen wachsen ihr Leben lang und daran muss sich auch das Terrarium anpassen. Da Spinnen (bis auf wenige Ausnahmen) einzeln gehalten werden und es sich lohnt mehrere Tiere gleichzeitig zu pflegen, ist es aus Platzgründen jedoch sinnvoll nicht zu große Terrarien zu bewirtschaften.

Terrarien für baumbewohnende Vogelspinnen dürfen höher sein, ein Standardmaß ist ein

40 x 30 x 30 cm Quader, in dem Äste und andere Klettermöglichkeiten Platz finden. In der folgenden Abbildung ist ein kleines Terrarium abgebildet, das einen Mittelweg zwischen Schau- und Zweckterrarium geht.

Es ist Bodengrund zum Graben vorhanden, eine kleine Pflanze sowie ein Stück Rinde, das als Versteckmöglichkeit dienen kann. Doch etwas fehlt. Genau ein Wassernapf! Dieser könnte bei diesem kleinen Terrarium zum Beispiel aus dem Deckel einer PET-Wasserflasche bestehen. Für Spinnen mit einer Körperlänge von 1-2 cm wäre dies ein angemessenes Heim. Wer ganz ambitioniert ist bringt noch eine Rückwand aus Kokosbast oder Rinde oder spezielles Terrarienzubehör an.

Technik

Je nach Vogelspinnenart sind verschiedene technische Geräte notwendig.

Heizung: Nicht alle Vogelspinnenarten benötigen eine zusätzliche Wärmequelle, solange die Zimmertemperatur nicht unter 20 Grad Celsius fällt. Für Wärme liebende Spinnen eignen sich Terrarienstrahler oder Aquarienleuchten, die auf die Abdeckscheibe aufgelegt werden. So werden im Terrarium Temperaturen von 22-30 Grad Celsius erreicht. Die Temperaturentwicklung ist nach der Installation regelmäßig zu kontrollieren, um ein Überhitzen des Terrariums zu vermeiden. Die gewünschte Temperatur lässt sich zum Beispiel mit einer Zeitschaltuhr erreichen, indem individuelle Heizperioden eingestellt werden. Hier muss man ein wenig ausprobieren, um das Optimum zu finden. Auf keinen Fall sollten die für Reptilien angebotenen Bodenheizmatten oder Heizschleifen verwendet werden. Bodenbewohnende Spinnen ziehen sich bei zu hohen Temperaturen in ihre Wohnhöhlen zurück, dies ist bei einer Beheizung von unten nicht möglich und die Tiere können überhitzen. Temperaturen von über 30 Grad Celsius sind zu vermeiden. Nachts kann die Heizung so eingestellt werden, dass es zu einer Nachtabkühlung um bis zu 10 Grad Celsius kommt.

Hygrometer: In vielen Internetforen zum Thema Vogelspinnen ein heiß diskutiertes Thema, hier gehen die Expertenmeinungen so weit auseinander wie fast nirgendwo sonst. Fakt ist, Vogelspinnen dürfen nicht in absoluter Trockenheit gehalten werden, da sie sonst austrocknen. Mit einem Hygrometer die Luftfeuchtigkeit zu kontrollieren ist aber nicht notwendig. Beschlagen die Scheiben oder bilden sich Tropfen, so ist die Luftfeuchtigkeit eindeutig zu hoch. Mit dem zu niedrig gestaltet es sich nun etwas schwieriger. Die Luftfeuchtigkeit in einem Wohnzimmer liegt bei einer Raumtemperatur von 22 Grad Celsius bei circa 50 bis 60 Prozent. Empfohlen werden für die Vogelspinnenhaltung Luftfeuchten zwischen 70 und 100 Prozent. Um die Luftfeuchte im Terrarium im Vergleich zur Raumluft zu erhöhen ist es ausreichend den Wassernapf beim Wasserwechsel etwas überlaufen zu lassen. Bei Spinnenarten, die nicht aus Wüstengebieten stammen, darf ab und zu ein kleiner Bereich des Terrariums mit Wasser befeuchtet werden. Es sollte aber darauf geachtet werden, dass das Terrarium grundsätzlich nicht zu feucht wird, um Schimmelbildung zu vermeiden.

Thermometer: Um die Temperatur im Terrarium zu überwachen, ist ein Thermometer eine günstige und sinnvolle Anschaffung. Dies gilt vor allem für Terrarien, die über eine Heizquelle verfügen. Für bei Raumtemperatur gehaltene Arten ist ein Thermometer nicht notwendig.

Einrichtung

Pflanzen: Zunächst muss gesagt werden, dass Pflanzen den Pflegeaufwand eines Terrariums stark erhöhen. Als Alternative werden Pflanzen aus Kunststoff angeboten, die optisch ansprechend und zugleich bezahlbar sind. Sollte aus optischen Gründen auf die Bepflanzungen mit lebenden Pflanzen nicht verzichtet werden können, so sind robuste Pflanzen, mit geringem Pflegeaufwand zu bevorzugen. Sie müssen mit geringen Lichtverhältnissen und eher trockenen Böden auskommen können. Wenn Ihrer Vogelspinne die Bepflanzung im Weg ist, wird diese ohne Rücksicht auf Verluste schonungslos ausgegraben oder anderweitig in passende Form gerückt.

Bodengrund: Hier wird zwischen Baum- und Bodenbewohnern unterschieden. Baumbewohner sitzen meistens in den Ästen und halten sich selten am Boden auf. Hier reicht eine 2 cm dünne Schicht Blumenerde aus. Bei Bodenbewohnern empfiehlt es sich eine dickere Schicht Blumenerde von mindestens 5 bis 15 cm (je nach Größe der Spinne) oder wahlweise eine Mischung aus Blumenerde, Lehm und Sand für Tiere aus Trocken- und Wüstengebieten zu verwenden, um den Tieren das

Graben zu ermöglichen. Ungedüngte Blumenerde ist zu bevorzugen, aber nicht zwangsläufig notwendig. Von Kokosbriketts, die mit Wasser angerührt werden, wird abgeraten. Teure und speziell behandelte Terrarienerde hat meiner Erfahrung nach keinen Vorteil gegenüber handelsüblicher Blumenerde gezeigt, der den immensen Preisunterschied rechtfertigen würde. Manch ein Spinnenfreund gräbt im Wald nach frischer Erde und backt sie anschließend im Backofen, um Mikroorganismen und niedere Tiere abzutöten. Über Sinn und Unsinn dieser Methode könnte jetzt lange philosophiert werden, aber jedem das Seine.

Unterschlupf: Hier eignen sich für Bodenbewohner Korkröhren, Kokosnüsse, Tonröhren und im Prinzip alles, unter dem sich die Spinne verstecken kann, wie Blumentöpfe, Äste, etc. Hier sind Ihrer Phantasie keine Grenzen gesetzt. Es sollte darauf geachtet werden, dass Versteckmöglichkeiten sicher platziert werden und die Gefahr einer einstürzenden Behausung zu minimieren. Für Baumbewohner können auch Röhren verwendet werden, die an einem Ast befestigt werden.

Dekoration: Hier können Sie Ihrem Geschmack freien Lauf lassen. Als weitere Dekorationselemente können Steine, Äste, Wurzeln, Blätter, etc. verwendet werden. Möchten Sie das Terrarium naturnah einrichten, informieren Sie sich im Internet über den Lebensraum Ihrer Vogelspinne und bilden Sie diesen detailgetreu nach.

Wasserquelle: Ein Wassernapf gehört zur Grundausstattung eines Vogelspinnenterrariums und sollte von den Abmessungen her so gewählt werden, dass er möglichst flach ist, um ein Ertrinken der Spinne zu vermeiden.

Standort

Spinnenterrarien sollten an einem geschützten Platz stehen. Zu bevorzugen sind beheizte Wohnräume, in denen die Temperatur nicht zu stark schwank. Ein idealer Standort ist eine von einem Fenster entfernte Wand, sodass das Terrarium zu keinem Tageszeitpunkt direkter Sonneneinstrahlung ausgesetzt wird. Es ist auf die Sicherheit der Spinnen und der Hausbewohner zu achten. Leben Kinder im Haushalt sind die Terrarien so zu platzieren, dass die Kinder keinen Zugriff auf die

Terrarien haben. Am besten eignet sich ein abschließbarer Raum. Auf keinen Fall gehört ein Spinnenterrarium in ein Kinderzimmer.

Pflege

Vogelspinnen zählen zu den Haustieren mit dem geringsten Pflegebedarf. Ab und zu sind jedoch Routinemaßnahmen notwendig, die das Hantieren im Terrarium erfordern. Um dies für die Spinne und den Halter möglichst stress- und vor allem verletzungsfrei durchzuführen, erhalten Sie in diesem Kapitel Tipps für den Umgang mit Ihrer Vogelspinne.

Spinnen können nicht domestiziert werden, sie bleiben Wildtiere, auch wenn sie in Gefangenschaft aufgezogen wurden, dessen sollte man sich immer bewusst sein. Vom Anfassen der Tiere mit der bloßen Hand ist abzusehen. Arbeiten im Terrarium lassen sich am sichersten mit einer großen Futterpinzette (mit einer Länge von circa 30 cm oder mehr) durchführen. Agieren Sie selbstbewusst und nicht zu zaghaft. Mit 30 Minuten wöchentlichen Zeitaufwandes pro Tier, fühlen sich Ihre Vogelspinnen pudelwohl.

Tägliche Pflege: Kontrolle des Allgemeinzustands durch Beobachten. Sind Verletzungen zu erkennen, hat die Spinne die ins Terrarium eingesetzten Beutetiere gefressen, liegt sie auf dem Rücken, um sich zu Häuten (dann braucht sie Ruhe und Futtertiere sind zu entfernen) und ist die Einrichtung noch an ihrem Platz? Manche Spinnen bauen das Terrarium gerne nach ihren eigenen Vorlieben um, entstehen dabei einsturzgefährdete Gebilde, beispielsweise weil Steine untergraben werden, sind diese zu entfernen.

Zweimal wöchentlich: Wasserwechsel, Entfernen von Futterresten und Kot. Hat Ihre Spinne sich gehäutet, entfernen Sie die Haut nach einigen Tagen oder frühestens, wenn sich die Spinne von ihr entfernt hat, um sie störungsfrei aus dem Terrarium zu entnehmen.

Einmal wöchentlich: Es heißt Essen fassen. Geben Sie bis zu drei Futtertiere in das Spinnenterrarium, oder verteilen Sie die Fütterung auf zwei bis drei Tage pro Woche.

TIPP: Möchten Sie die Exuvie (Spinnenhülle) aufbewahren, entnehmen Sie diese nach der Häutung aus dem Terrarium. In einer Schüssel mit

Wasser und einem tropfen Spülmittel einmal untergetaucht, wird die Hülle wieder beweglich. Sie können die Haut in eine lebensechte Stellung bringen und auf einem Blatt Papier trocknen lassen. Die Gelenke härten aus und werden unbeweglich. Um Reste von Brennhaaren von Bombardierspinnen zu fixieren, können Sie etwas Haarspray verwenden. Exuvien von Bombardierspinnen sind trotz Haarspray möglicherweise reizend. Nach dem Anfassen empfiehlt es sich die Hände zu waschen, vor allem bevor man sich in Gesicht oder Augen fasst.

Futterauswahl und richtiges Füttern

Vogelspinnen nehmen oft nur tierisches Lebendfutter an. In Terrarienfachgeschäften finden Sie ein reichhaltiges Angebot an Futtertieren. So sind für Vogelspinnen Heimchen, Zweifleckgrillen, Heuschrecken und Fauchschaben zu empfehlen. Würmer und Maden sind Aufgrund ihres hohen Fett- und Eiweißgehalts nicht geeignet. Die Größe des Futtertiers richtet sich nach Alter und Größe der Vogelspinne. Als Anhaltspunkt können Sie sich am Vorderkörper Ihrer Vogelspinne orientieren, alles was in etwa so groß ist (und nicht viel kleiner oder größer), kommt als Futter in Frage. Zwei bis drei Futtertiere der entsprechenden Größe pro Woche sind ausreichend. Wie schon vorher erwähnt, rate ich vom Verfüttern von Mäusen und Küken ab. Wirbeltiere sollten nicht als Futter für Wirbellose dienen. Wer möchte, kann seine Spinnen mit kleinen Stückchen magerem Hähnchen- oder Rindfleisch füttern. Hier gilt: lieber weniger füttern und nochmal nachlegen, als ein verwesendes Stück Fleisch im Terrarium zu haben.

Zu beachten: Futtertiere sind meistens nicht einzeln erhältlich, sondern werden in Packungsgrößen von mindestens zehn Tieren abgegeben. Die Verkaufsbehälter sind vergleichsweise winzig und nicht für die dauerhafte Futtertierhaltung geeignet, die Tiere stressen und fressen sich gegenseitig. Es empfiehlt sich ein kleines Terrarium für Futtertiere einzurichten und diese vor dem Einsetzten in das Spinnenterrarium mit Salat oder Obst zu füttern. Dies garantiert gesunde Futtertiere und damit auch eine gesunde Spinne.

Vogelspinnen legen schonmal längere Fresspausen ein und nehmen dann teilweise über Monate kein Futter an. (Der Hungerstreik meiner achtjährigen *Brachypelma smithi* Dame hielt ganze 14 Monate!) Dies ist kein Grund zur Panik. Es sollte einfach weiterhin regelmäßig Futter angeboten werden. Wer für zwei Wochen in den Sommerurlaub fliegt füttert die Spinnen vorher ausreichend und achtet vor allem auf einen vollen Wassernapf. Bisher habe ich auch ohne Pflegepersonal damit gute Erfahrungen gemacht und alle Spinnen haben die Urlaube bisher gut überstanden.

TIPPs: Heimchen sind Schädlinge und vermehren sich in Wohnräumen und im Terrarium. Sollten Sie sich für Heimchen als Futtertiere entscheiden, achten Sie darauf, dass Ihnen keine entwischen. Zweifleckgrillen vermehren sich in beheizten Terrarien, aber nicht in Wohnräumen. Beide Tierarten zirpen jedoch und können zu einer nicht zu unterschätzenden Geräuschkulisse führen. Heuschrecken sind dahingehend die angenehmsten Futtertiere. Sie vermehren sich nicht und machen keinen Lärm. Bei Fauchschaben ist darauf zu achten, dass diese die Angewohnheit haben sich nach dem Einsetzen in das Terrarium zu vergraben.

Hier sollte man abwarten und genau beobachten, ob die Spinne das Tier auch frisst.

<u>**Info:**</u> Im Freiland gefangene Futtertiere können Träger von Krankheitserregern, wie Würmer oder andere Parasiten sein. Hier streitet sich die Fachwelt ob Wildfänge verfüttert werden sollen. Dies liegt letztendlich in der Verantwortung des Halters. Ab einer gewissen Anzahl an Spinnen wird es ohnehin schwierig den Futterbedarf aus selbst gefangenen Insekten zu decken.

Habitus

Vogelspinnen sind vorwiegend nacht- und dämmerungsaktive Tiere, wobei sich viele Arten auch gerne tagsüber außerhalb ihrer Wohnhöhle zeigen und auch aktiv sind. Sie bauen keine Fangnetze wie die uns bekannten Webspinnen, sondern warten vornehmlich am Eingang ihres Unterschlupfes auf Beute. Manche Vogelspinnen gehen aktiv auf die Jagt und erkunden die nähere Umgebung ihrer Wohnhöhle. Die Beutetiere werden mit den Cheliceren erlegt. Gegen Feinde oder Artgenossen wehren sie sich mit Klopfen ihrer Vorderbeine, durch Zubeißen oder durch

Bombardieren (Synonym für das Abstreifen von Reizhaaren in Richtung des Angreifers). Eine Vogelspinne ist ein interessantes Haustier, bei dem es viel zu entdecken gibt. So verfügt sie über vielfältige Verhaltensweisen, die man mit der Zeit beobachten kann. Einige davon wird man häufiger entdecken als andere.

Körperpflege

Vogelspinnen sind reinliche Tiere, die sich gründlich putzen. Diese Verhaltensweise wird mehrmals täglich durchgeführt und lässt sich gut beobachten, wenn die Spinne sich außerhalb ihrer Behausung aufhält. Sie reibt zunächst ihre Cheliceren aneinander, um sie sauber, feucht und beweglich zu halten. Mit ihren Tastern hilft sie nach und reibt sich Staub und Schmutz von ihren Cheliceren und aus ihrem Mundbereich. Anschließend putzt sie jedes einzelne Bein, indem sie es zum Mund führt und es mit den Cheliceren bürstet. Teile des Rücken- und Bauchpanzers säubert sie mit Hilfe ihrer Vorderbeine, das Abdomen wird mit Hilfe der Hinterbeine schmutzfrei gehalten. Häufig putzen sich Vogelspinnen ausgiebig nach dem Fressen oder der

Paarung. Hierbei lässt sich auch gut erkennen, wie gelenkig sie eigentlich sind.

Die Häutung

Das harte Außenskelett macht eine Häutung notwendig, damit die Spinne weiter wachsen kann. Junge Vogelspinnen häuten sich noch sehr häufig im ein bis vier Wochen Rhythmus, später verlängert sich der Zeitraum zwischen zwei Häutungen auf mehrere Monate. Erwachsene Tiere häuten sich nur noch in Abständen von einem, zwei oder mehreren Jahren.

Erreicht ein Männchen die Geschlechtsreife, so spricht man bei der vorausgegangenen Häutung von der Reifehäutung. Dies ist in der Regel die letzte Häutung eines Männchens und es stirbt nach weiteren ein bis zwei Jahren. In sehr seltenen Fällen kommt es zu einer weiteren Häutung, die jedoch die wenigsten Tiere überleben. Weibchen häuten sich auch noch nach der Geschlechtsreife in Abständen von mehreren Jahren, bis zu ihrem Tod.

Neben dem Wachstum der Vogelspinne dient die Häutung auch der Erneuerung von Sinnesorganen, Brennhaaren (bei Bombardierspinnen) und verlorenen Gliedmaßen. Ein ausgerissenes Bein wächst zum Beispiel mit jeder Häutung ein Stück nach, bis es die normale Größe wieder erreicht hat. Nach der Häutung benötigt der Chitinpanzer einige Tage bis er vollständig ausgehärtet ist. In dieser Zeit bekommt die Spinne einen Wachstumsschub und gewinnt an Größe.

Eine Häutung dauert mehrere Stunden und kündigt sich bei Bombardierspinnen durch das Abwerfen von Brennhaaren schon Wochen vorher an. Die entstandene, hautfarbene „Glatze" an ihrem Abdomen verfärbt sich schwarz, es ist die neue behaarte Haut, die durch die alte durchscheint und sie dunkel färbt. Ist der Zeitpunkt der Häutung gekommen, webt die Spinne einen dünnen, kreisrunden Bereich im Terrarium mit Spinnseide aus, dreht sich auf den Rücken und streckt alle Beine von sich. Der Blutdruck erhöht sich und Flüssigkeit wird aus dem Abdomen in den Vorderkörper gepumpt. Dies führt dazu, dass der Vorderpanzer an einer definierten Bruchstelle platzt und der Carapax sich vom Rest des Exoskeletts löst. Nun beginnt die Spinne damit die Flüssigkeit, genauer die Hämolymphe (das Blut der Vogelspinne) weiter in ihre Beine zu drücken, die dadurch anschwellen und sich langsam aus der alten Hülle streifen. Zum Schluss zieht die Spinne alle Extremitäten heraus und dreht sich wieder auf den Bauch. In dieser Position bleibt sie für gewöhnlich längere Zeit zusammengekauert sitzen, um sich von den Anstrengungen der Häutung zu erholen. Im Anschluss daran beginnt sie mit einer Art Gymnastik. Sie streckt die Beine, winkelt sie wieder an, streckt sie wieder und so weiter. Mit dieser Technik hält sie ihre Gelenke geschmeidig und verhindert, dass diese aushärten und unbeweglich werden. Nach einer Häutung wirkt das Abdomen kleiner als vorher, dieser Effekt wird durch den wachsenden Vorderkörper noch verstärkt. Die Häutung bedeutet für eine Spinne viel Stress und Anstrengung. Man darf sie auf keinen Fall stören und es sollten sich während der Häutung keine Futtertiere im Terrarium befinden. Nach einer Häutung sind Spinnen angreifbar, ihre Cheliceren sind zu weich zum Zubeißen und ihr Panzer ist noch nicht hart genug, um sie wirkungsvoll zu schützen. Deshalb sollte nach einer Häutung bis zur nächsten Fütterung mindestens fünf Tage gewartet werden.

Info: In manchen Internetforen und Fachbüchern wird dazu geraten die Feuchtigkeit im Terrarium vor oder während einer Häutung zu erhöhen, um der Vogelspinne die Prozedur zu erleichtern. Ein Erfolg dieses Verhaltens lässt sich wissenschaftlich jedoch nicht belegen. Eine Vogelspinne besteht bis zu 70 Prozent aus Wasser und sorgt vor der Häutung selbstständig für einen ausgeglichenen Flüssigkeitshaushalt durch Trinken. Wichtig für eine erfolgreiche Häutung sind also vor allem die Versorgung mit Wasser und Ruhe. Selbst bei sehr trocken gehaltenen Wüstenarten ist eine gesunde Spinne in der Lage die Häutung ohne Erhöhung der Feuchtigkeit erfolgreich zu beenden. Befürworter der Theorie begründen die Erhöhung der Luftfeuchtigkeit mit der natürlichen Umgebung der Vogelspinne. Arten aus Trockengebieten halten sich während der Häutung in ihrer Wohnhöhle auf, die eine höhere Feuchtigkeit aufweisen kann als die Oberfläche. Dies mag bei der Häutung unterstützend wirken. Hierbei handelt es sich jedoch nur um Annahmen (S.A.Schultz, M.J.Schultz 2009).

Verteidigung

Fühlt sich eine Vogelspinne bedroht, so hat sie drei Optionen: Flucht, Angriff oder Verteidigung. Nach Möglichkeit versucht die Spinne sich in ihren Unterschlupf zurück zu ziehen. Ist dies nicht möglich, droht sie dem Angreifer mit ihren Giftklauen, indem sie ihren Oberkörper im 90 Grad Winkel aufstellt. Je nach Erregungszustand beißt sie bei weiterer Belästigung zu oder warnt vorher noch mit kräftigen Schlägen ihrer Vorderbeine. Bombardierspinnen drehen einem Angreifer schnell ihren Hinterleib zu und schleudern ihm Brennhaare entgegen. Sie sollten es vermeiden mit den Brennhaaren in Berührung zu kommen, sie setzten sich in der Haut fest, sind manchmal nicht durch Waschen zu entfernen und führen zu starkem Jucken und Brennen. Das Waschen mit milder Seifenlauge kann die Beschwerden lindern. Gelangen sie in Augen oder auf Schleimhäute, so drohen ernsthafte Entzündungen, in diesem Fall ist umgehend ein Arzt auf zu suchen.

Beutefang

Spinnen sind Lauerjäger, das heißt sie warten, bis sich Beute ihnen nähert und packen dann zu. Der Beutefang ist sehr gut zu beobachten und ein interessantes Schauspiel. Wird ein Futtertier in das Terrarium gesetzt heißt es warten. Die Spinne registriert jede Bewegung und passt den richtigen Moment ab, um blitzschnell zuzuschlagen. Sie hebt ihre Taster und das vorderste Beinpaar, stülpt sie über die Beute und beißt zu. Sie hält diese Position einige Zeit und beginnt dann damit Verdauungssekret in das Opfer zu pumpen. Es kann mehrere Minuten dauern, bis das Futtertier am Giftcocktail stirbt, währenddessen beginnt die Spinne damit es aufzufressen. Das was bei uns der Mund und der Magen machen, passiert bei Spinnen im Beutetier. Die durch die Cheliceren injizierten Enzyme verflüssigen die inneren Organe, sodass die Spinne beispielsweise eine Heuschrecke regelrecht aussaugen kann. Übrig bleibt eine kleine vertrocknete Kugel aus unverdaulichen Bestandteilen, wie Chitin und Haaren.

Da das Spinnengift schon bei vergleichsweise kleinen Insekten, wie Heimchen oder Heuschrecken lange braucht, um den Tod herbeizuführen, rate ich dringend davon ab Mäuse, Küken oder andere kleine Wirbeltiere an Spinnen zu verfüttern. Wirbeltiere besitzen ein wesentlich höher entwickeltes Nervensystem als Insekten und spüren Emotionen wie Angst und Schmerz. Verfüttert man eine Maus an eine Spinne erleidet sie einen langen, qualvollen Tod. Ungeachtet dessen, können größere Beutetiere auch der Spinne selbst schaden.

Für den Fall der Fälle

Sollte es Ihrer Spinne einmal gelingen das Terrarium zu verlassen, können Sie diese mit einer Dose (z.B. einer Heimchendose) wieder einfangen. Halten Sie dazu die Dose vor das Tier und animieren Sie es mit einer langen Futterpinzette hineinzulaufen, indem Sie vorsichtig dessen Hinterbeine berühren. **Vorsicht:** Bombardierspinnen nehmen einen Anstupser von hinten gerne als einen Grund Brennhaare los zu werden! Auch träge erscheinende Tiere können plötzlich los laufen und dies mit einem recht beachtlichem Tempo. Rechnen Sie damit, um Verletzungen der Vogelspinne durch schreckhafte

Bewegungen zu vermeiden. Baumbewohnende Spinnen sind in der Lage Sprünge über eine Entfernung von einem Meter zu vollbringen.

Krankheiten und Verletzungen

Unschön, aber nicht immer vermeidbar. Was tun, wenn die Spinne einmal nicht gesund ist?

Verletzungen

Hierzu zählt alles, was den Gesundheitszustand oder das Verhalten der Spinne beeinträchtigt und nicht durch Krankheitserreger bedingt ist. Durch Stürze oder das Einklemmen von Extremitäten kann es zu Verletzungen oder zum Verlust einzelner Körperteile kommen. Verliert die Spinne zum Beispiel ein Bein, so ist es Ihre Aufgabe die Ursache dafür herauszufinden und abzustellen. Das Verlieren von Beinsegmenten oder einem ganzen Bein ist einer Spinne nicht zu wünschen, wird ihr aber auch nicht gefährlich, hier hat Mutter Natur vorgesorgt. Spinnenbeine verfügen an den Zwischengelenken über eine Art Notschleuse. Verliert die Spinne ein Bein, schließen sich diese Sicherheitsklappen und die Wunde heilt von alleine. Verlorene Beine oder Taster regenerieren sich im

Verlauf der folgenden Häutungen. Anders sieht es bei Verletzungen des Abdomens aus. Reißt es durch einen Sturz ein, stellt dies einen der schlimmsten vorstellbaren Unfälle dar. Ist das Abdomen über die gesamte Länge eingerissen, ist eine Heilung nahezu ausgeschlossen. Um der Spinne einen qualvollen Tod zu ersparen, können Sie das Tier einschläfern, indem Sie es in einer Heimchendose ins Tiefkühlfach legen. Nach wenigen Minuten ist das Tier tot, sollte aber eine Stunde im Tiefkühlfach belassen werden. Durch die Kälte verlangsamen sich die Körperfunktionen, die Sinneswahrnehmung nimmt ab und das Tier fällt in eine Kältestarre, bis es schließlich schmerzfrei stirbt.

Krankheiten

Bei allen Krankheiten ist darauf zu achten, dass diese nicht verschleppt werden. Terrarien mit kranken Tieren sollten an einen separaten Platz gebracht werden. Werkzeuge (z.B. Pinzetten) sollten nur noch für das Terrarium mit dem kranken Tier verwendet werden oder nach jeder Verwendung ausgiebig desinfiziert werden (Abbrühen mit heißem Wasser, Desinfektionsmittel). Kümmern Sie sich immer

zuerst um die gesunden Tiere und dann um die Kranken, um eine Infektion der Gesunden zu verhindern. Für Krankheitsfälle sollte immer ein kleines Terrarium oder eine Plastikdose vorgehalten werden in die das kranke Tier gesetzt werden kann. Dies sollte nur mit Küchenkrepp ausgelegt sein und einen Wassernapf enthalten. Stellen Sie diese "Quarantänestation" an einen warmen, trockenen, ruhigen, dunklen Platz und schauen Sie mehrmals täglich nach dem Tier. Terrarien kranker Tiere sollten ausgeräumt und gründlich gereinigt werden, bevor das wieder gesunde Tier erneut eingesetzt wird.

Pilzbefall: Sind auf den Gliedmaßen oder dem Körper der Vogelspinne weiße, flauschige Ablagerungen zu erkennen, kann es sich um eine Pilzinfektion handeln. In diesem Fall sollte die Spinne in ein trockenes Terrarium gesetzt werden (wenn vorhanden) oder die Feuchtigkeit im aktuellen Terrarium heruntergesetzt werden. Als weitere Maßnahme kann mit einem Wattestäbchen handelsübliche Salbe zur Behandlung von Pilzinfektionen auf die betroffenen Areale aufgetragen werden. Hierzu wird die Spinne mit der Pinzette fixiert. Dies ist für den Laien jedoch ein schwieriges Unterfangen und die Spinne wird versuchen die Salbe nach dem Auftragen wieder zu entfernen. Im Zweifel einen Tierarzt konsultieren.

Milbenbefall: Sind auf der Spinne kleine rote oder braune Tiere zu erkennen, kann es sich um Milben handeln. Zur Behandlung beträufeln Sie die befallenen Stellen in Abständen von einer Stunde immer wieder mit 50 prozentigem Alkohol, bis keine Milben mehr auf der Spinne zu erkennen sind. Dies wird der Spinne nicht gefallen und es muss mit erheblicher Gegenwehr gerechnet werden. Die Spinne muss in ein sauberes Terrarium umgesetzt und das alte gründlich gereinigt werden. Wer sich unsicher ist kann auch einen Tierarzt aufsuchen. Hierzu ist der Bodengrund zu entfernen und die Einrichtung mit heißem Wasser zu säubern. Es ist darauf zu achten die Milben nicht in andere Terrarien zu verschleppen.

Bakterieller Befall: Diesen erkennt man an einem schleimigen, feuchten Belag auf der Spinne. Manchmal kommt es in den betroffenen Regionen zu einem Ausfall der Haare. Zur Behandlung werden antibiotikahaltige Cremes verwendet. Wieder einmal stellt sich das Auftragen der Salbe als das hauptsächliche Problem dar. Eine kleine

Quarantänebox, die an allen Seiten mit Löchern versehen ist, durch die ein Wattestäbchen passt, kann hierzu verwendet werden. So ist der Halter vor dem Zubeißen und größtenteils auch vor den Brennhaaren geschützt.

Wurmbefall: Ein akuter Wurmbefall lässt sich nicht erkennen. Stirbt die Spinne plötzlich, kann durch eine Obduktion ein möglicher Wurmbefall festgestellt werden.

Krebs: Eine selten beobachtete und nicht behandelbare Erkrankung. Es bilden sich im Bereich um die Spinnwarzen herum blasenartige Verdickungen, in deren Folge die Vogelspinne stirbt. Eine Behandlungsmöglichkeit ist bisher nicht bekannt.

Das Gift einer Vogelspinne

Trotz ihrer enormen Größe von zum Teil mehr als 30 cm Beinspannweite, ist das Gift einer Vogelspinne vergleichsweise schwach. Die Stärke des Gifts wird weitläufig mit der eines Bienenstichs verglichen. Bei Insekten und kleineren Wirbeltieren, wie zum Beispiel Mäusen, kann das Gift zum Tod des Beutetiers führen. Es ist keine

Vogelspinnenart bekannt, deren Gift beim Menschen tödliche Symptome hervorruft. Nichts desto trotz ist eine Vogelspinne ein Gifttier, dessen Biss bei sensiblen Personen zu starken allergischen Reaktionen führen kann. Der Biss einer ausgewachsenen Vogelspinne kann schon aufgrund der bis zu 2,5 cm langen Cheliceren (Beißklauen) sehr schmerzhaft sein. Neben dem injizierten Gift, das zu Schwellungen und weiteren Schmerzen führt, zählen Infektionen der Bisswunde zu den häufigsten Komplikationen.

Die Stärke des Gifts einer Vogelspinne ist stark davon abhängig, welcher Unterfamilie sie angehört. Die giftigsten Vogelspinnen stammen aus Afrika und Asien. Die beiden Wissenschaftler P. Escoubas und L. Rash verglichen in ihrem Labor das Gift von 55 Vogelspinnenarten. Hierzu injizierten sie 0,1 Mikrogramm (0,0000001 Gramm) reines Gift in 20 Gramm schwere Mäuse. Sie stoppten die Zeit von der Injektion bis zum Tod des Versuchstiers. Dabei konnten sie große Unterschiede in der Giftstärke feststellen. Eines der stärksten Gifte, stammte von der Art *Poecilotheria regalis*, das innerhalb von wenigen Sekunden nach Injektion zu starken neurologischen Symptomen und zum Tod der Maus führte. Im Gegensatz dazu stellte sich das Gift der Gattung *Brachypelma* als vergleichsweise schwach heraus. Hier dauerte es eine Stunde oder länger, bis der Tod der Maus eintrat. Generell fanden sich die stärksten Gifte bei Arten aus Afrika (z.B. *Citharischius crawshayi, Hysterocrates hercules*) und Asien (z.B. *Poecilotheria regalis, Haplopelma lividum, Cyriopagopus paganus*). Zudem gab es Unterschiede zwischen boden- und baumbewohnenden (*Heteroscodra, Poecilotheria Stromatopelma*) Arten, letztere besaßen die schneller wirkenden Gifte. Das Gift aller aufgezählten Arten aus Asien und Afrika führte innerhalb von zehn Minuten oder schneller zum Tod des Versuchstiers. Bei Injektion in Grillen zeigten fast alle Gifte eine insektizide und paralysierende Wirkung (Escoubas, Rash, 2004).

Erste Hilfe – Sie wurden gebissen!

Hinweis: Dieser Artikel ersetzt keine fachliche Beratung durch einen Arzt.

Zunächst kann ich Sie beruhigen, Sie werden (wahrscheinlich) überleben. Bleiben Sie ruhig. Reinigen und desinfizieren Sie die Wunde mit entsprechenden Materialien aus ihrer Hausapotheke oder einem Erste-Hilfe-Kasten. Als Wundabdeckung ist in den meisten Fällen ein gut haftendes Pflaster ausreichend. Im Grunde ist dies schon alles, was Sie tun können. Jetzt heißt es abwarten. Wenn Sie Glück im Unglück hatten, wurden Sie „nur" gebissen und die Spinne hat kein Gift injiziert, der Fachmann spricht von einem trockenem Biss. Im schlimmsten Fall hat sie es doch und es kann zu einer Schwellung und Schmerzen im Bereich der Bisswunde kommen. Die Symptome verschwinden in der Regel nach einem bis wenigen Tagen vollständig. Zur Linderung von Schmerzen kann die Wunde leicht gekühlt werden. Handelt es sich um einen Biss einer Art der Gattung *Poecilotheria*, ist besondere Aufmerksamkeit geboten. Diese Gattung ist für ihr starkes Gift bekannt, das beim Menschen ausgedehnte Schwellungen und starke Schmerzen noch in weiter Entfernung von der Bissstelle verursachen kann. Zudem wurde von Muskelkrämpfen noch Wochen nach dem Biss berichtet (Schmidt, 1989). Noch Tage nach dem Biss kann es zur Verschlimmerung der Symptome kommen. Im Zweifelsfall wird empfohlen einen Arzt aufzusuchen. Ein Zettel mit der genauen Artbezeichnung der Vogelspinne sollte mitgenommen werden.

Spinnseide

Weltweit gibt es circa 42 000 verschiedene Spinnenarten. Sie haben alle gemein, dass sie in der Lage sind Spinnseide herzustellen. So verschieden die einzelnen Arten sind, so unterschiedlich ist die Zusammensetzung und Verwendung ihrer Seide. *Mygalomorphae*, zu denen auch die Vogelspinnen zählen, nutzen die Spinnseide wie ein Tuch. Sie kleiden mit dünnen Seidenbahnen, bestehend aus vielen einzelnen Seidenfäden, ihre Wohnhöhlen aus. Dies ist vermutlich auch die ursprüngliche Verwendung der Spinnseide, wie sie von Spinnen vor mehr als 380 Millionen Jahren eingesetzt wurde

(Coddington *et al*, 1991). Die stärkste Spinnseide wird übrigens von „*Darwin´s bark spider*" *Caerostris Darwini* gesponnen. Sie zählt zu den Webspinnen und baut bis zu drei Quadratmeter große Netze, bevorzugt über Flüssen oder anderen Gewässern (Agnarsson *et al.*, 2010). Swanson *et al.* haben Spinnseiden von Vogelspinnen auf ihre Eigenschaften hin untersucht. Sie bestimmten die Festigkeit, Stärke und Dehnbarkeit der Spinnseide unterschiedlicher Spezies. Unter den Vogelspinnen liegt die Art *Poecilothera regalis* in puncto Festigkeit und Stärke klar auf dem ersten Platz. Ihre Spinnseide setzt einer elastischen Verformung einen Widerstand von 4,5 GPa entgegen und kann mit bis zu 210 MPa gedehnt werden. Bei der Dehnbarkeit liegt die Spinnseide der Art *Grammostola rosea* vorne und übertrifft sogar die Dehnbarkeit der Spinnseide von *Caerostris darwini* um 25 Prozent. Unerreicht bleibt jedoch die Festigkeit mit 11,5 GPa und Stärke mit 1652 MPa von *Caerostris darwini.* Eine Übersicht ausgewählter Spinnseiden gibt die folgende Tabelle (Swanson *et al*, 2009).

Spezies	Festigkeit [GPa]	Stärke [MPa]	Dehnbarkeit [relativ]
Cyclosternum fasciatum	1,5	50	0,46
Grammostola rosea	1,0	20	**1,00**
Aphenoplema seemani	1,5	90	0,54
Cyroiopagopus pagonus	3,5	190	0,38
Pterinochilus marinus	2,5	110	0,46
Phormictopus cancerides	3,0	110	0,46
Poecilotheria regalis	4,5	210	0,54
Caerostris darwini	**11,5**	**1652**	0,80

Die Dehnbarkeit ist als relatives Verhältnis aller Spinnseiden in dieser Tabelle angegeben. Mit unter gibt es Spinnseiden, die eine höhere Dehnbarkeit aufweisen, als die Spinnseide von *Grammostola rosea.* Es sind keine Daten zu den Spinnseiden aller Vogelspinnenarten vorhanden, sodass diese Tabelle lediglich einen Anhaltspunkt aufzeigt und keine absolute Rangliste darstellt.

Warum können Spinnen glatte Oberflächen hinauflaufen?

In den letzten Jahren sorgten gegensätzliche, wissenschaftliche Veröffentlichungen zu diesem Thema für Verwirrung unter Spinnenliebhabern. Dass Spinnen glatte Flächen hinauf- und hinab laufen können, ist unter Spinnenhaltern unumstritten. Ein solches Verhalten kann man fast täglich in den heimischen Terrarien beobachten. Die Frage die sich stellt ist folgende: Wie machen unsere Vogelspinnen das genau? Die Theorien reichen von kleinen Saugflächen oder Widerhaken an den Tarsi, bis zu Spinndrüsen, die in *Spiderman* Manier Spinnseide absondern und die Spinne mittels selbst gemachtem Superkleber an der rutschigen Oberfläche hält. Um das Mysterium zu klären gibt es im Folgenden einen chronologischen Rückblick der aktuellen Forschung.

Zunächst wurde bekannt, dass sich an den Tarsi der Vogelspinnen als *Scopula Polster* bezeichnete Haarbüschel befinden. Diese bestehen aus mikroskopisch kleinen Haaren. Durch intermolekulare Kräfte zwischen den einzelnen Haaren und der Oberfläche kommt es zu Adhäsion. Die Vogelspinne bleibt an einer glatten Oberfläche „kleben" (Kesel *et al*, 2003). Diese Tatsache gilt als unumstritten. Im Jahr 2006 erschien dann im bekannten Journal *Nature* ein Artikel der Arbeitsgruppe um Stanislav Gorb. Und hier beginnt die Verwirrung. Es wurde für *Aphonopelma seemanni* postuliert, dass diese Art in der Lage sei eine Substanz ähnlich zu Spinnseide an ihren Tarsi abzusondern (Gorb *et al.*, 2006).

Drei Jahre später wurde diese Annahme jedoch in Frage gestellt. Bei der erneuten Untersuchung der Fähigkeit von *Aphonopelma seemanni* Spinnseide an den Tarsi zu sekretieren, traten begründete Zweifel daran auf. Zwar konnte das Vorhandensein von Spinnseide an den Tarsi der Spinnen nachgewiesen werden, doch war unklar, ob diese auch hier ihren

Ursprung hatten. Um Kontaminationen von Spinnseide zu verhindern, die von den Spinndrüsen am Abdomen der Spinnen stammten, wurde ein Paraffinwachs auf die Spinndrüsen aufgetragen. Dies hinderte die im Versuch beobachteten Spinnen daran Spinnseide mittels Spinndrüsen zu produzieren. Nach erneuter Untersuchung der Tarsi konnte nun keine Spinnseide mehr entdeckt werden. Dies legte die Vermutung nahe, dass es sich bei der zuvor an den Tarsi gefundenen Spinnseide um Rückstände von Spinnseide aus den Spinndrüsen des Abdomens handelte (Pérez-Miles *et al*, 2009).

Hiermit jedoch noch nicht genug. Weitere zwei Jahre später veröffentlichte eine dritte Arbeitsgruppe neue Forschungsergebnisse, die wiederum die erste These stützten. In den durchgeführten Experimenten wurden Spinnen der Arten *Grammostola rosea*, *Brachypelma auratum* und *Poecilotheria regalis* Glaswände hinauf geschickt. Durch Rütteln an den Glaswänden wurde ein Abrutschen der Vogelspinnen provoziert. Hierbei hinterließen die Vogelspinnen Rückstände von Spinnseide auf dem Glas. Es wurde darauf geachtet, dass die Spinndrüsen des Abdomens nicht mit den später unter dem Mikroskop betrachtetem Glas in Berührung kamen. Zusätzlich wurden mit Hilfe eines Rasterelektronenmikroskops hochauflösende Aufnahmen der *Scopula Polster* gemacht. Hierbei konnten neben den bürstenartigen *Scopula Haaren* weitere Strukturen gefunden werden. Vereinzelte, geriffelte Haare mit einer endständigen Pore (Rind *et al.*, 2011). War dies der gesuchte Beweis dafür, dass Vogelspinnen doch Spinnseide an ihren Füßen produzieren konnten? Nein.

Ein weiteres Jahr später wurde diese These erneut widerlegt, durch eine vierte Arbeitsgruppe. Kommen Sie noch mit? Wieder wurden rasterelektronenmikroskopische Aufnahmen gemacht. Doch die in der vorigen Studie als Seidenkanäle identifizierten Haare erfüllten alle fünf Kriterien, die zur Identifizierung von chemosensitiven Haaren bei Spinnen vorausgesetzt werden. Diese Kriterien sind: (1) Eine geschwungene Form, die eine leichte S-Kurve beschreibt. (2) Eine dünne Außenwand von maximal 2 µm Dicke. (3) Eine fischgrätenförmige Maserung der Außenwand in der Nähe des Schaftes. (4) Eine kleine Pore, die sich leicht versetzt, unterhalb der Spitze des Haares befindet. (5) Ein enger Hohlraum, der den äußeren Haarschaft durchzieht und vor dem Erreichen der Haarwurzel endet. Im Gegensatz dazu zeichnen sich Spinndrüsen dadurch aus, dass sie an der Basis aus einer knollenförmigen Verdickung hervorgehen, eine schuppige Oberflächenstruktur aufweisen und sich die Pore zur Absonderung der Seide an der Spitze des Seidenkanals befindet (Foelix *et al.*, 2012). Pérez-Miles *et al.* bestätigte diese Ergebnisse ebenfalls im gleichen Jahr (Pérez-Miles *et al*, 2012).

Noch ein Jahr später räumte Foelix alle restlichen Zweifel aus, indem er die Innervierung der gefundenen chemosensitiven Haare nachwies. Hiermit konnte ausgeschlossen werden, dass es sich bei den von Rind *et al.* entdeckten Strukturen um Spinndrüsen handelte (Foelix *et al.*, 2013). Die *Scopula Polster* mit ihren adhäsiven Haaren sorgen demnach für die Fähigkeit von Spinnen auf glatten Oberflächen nicht abzurutschen. Es wird keine Spinnseide abgesondert.

Literaturverzeichnis

Agnarsson I. *et al.*, 2010. Bioprospecting Finds the Toughest Biological Material: Extraordinary Silk from a Giant Riverine Orb Spider. Plos one. Vol. 5, e11234.

Coddington J.A. HW Levi, 1991. Systematics and Evolution of Spiders (Araneae). Annu. Rev. Ecol. Syst. 22: 565–592.

Escoubas P., Rash L., 2004. Tarantulas: eight-legged pharmacists and combinatorial chemists.Toxicon 43, 555–574.

Foelix R. *et al.*, 2012. Silk secretion from tarantula feet revisited: alleged spigots are probably chemoreceptors. Exp. Bio. 215, 1084-1089.

Foelix R. *et al.*, 2013. Alleged silk spigots on tarantula feet: Electron microscopy reveals sensory innervation, no silk. Arthr. Str. & Dev. 42 (2013) 209e217.

Gorb SN *et al.*, 2006. Biomaterials: silk-like secretion from tarantula feet. Nature 443(7110):407.

Kesel A.B. *et al.*, 2004. Getting a grip on spider attachment: an AFM approach to microstructure adhesion in arthropods. Smart Mater. Struct. 13 512.

Pérez-Miles F. *et al.*, 2009. Silk production from tarantula feet questioned. Nature 461(7267):E9; discussion E9-10. doi: 10.1038/nature08404.

Pérez-Miles F., Ortíz-Villatoro D., 2012. Tarantulas do not shoot silk from their legs: experimental evidence in four species of New World tarantulas. Exp. Biol. 215, 1749-1752.

Rind F. C. *et al.*, 2011. Tarantulas cling to smooth vertical surfaces by secreting silk from their feet. Exp. Biol. 214, 1874-1879.

Schmidt G. 1989. Efficacy of bites from Asiatic and African tarantulas. Trop. Med. Parasitol. 40, 114.

Schultz S. A., Schultz M.J., 2009. The Tarantula Keeper´s Guide. ISBN-13: 978-0-7641-3885-0.

Starrett J. *et al.*, 2012. Early Events in the Evolution of Spider Silk Genes. Plos one. Vol. 7, e38084.

Swanson B.O. *et al*, 2009. The evolution of complex biomaterial performance: The case of spider silk. Integ. and Comp. Biol., Vol. 49, no 1, pp. 21–31, doi:10.1093/icb/icp013.

15942653R00039

Printed in Poland
by Amazon Fulfillment
Poland Sp. z o.o., Wrocław